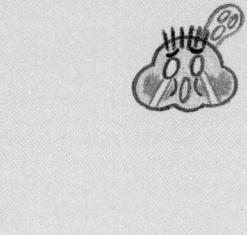

속담으로 감정 표현하기

내 맘 알아주는 속담

속담으로 감정 표현하기

글 최설희, 강지혜 | **그림** 강은옥

펴낸날 2019년 12월 10일 초판 1쇄, 2022년 5월 2일 3쇄
펴낸이 위혜정 | **기획.편집** 위혜정, 윤기홍 | **디자인** 최혜영
펴낸곳 슈크림북 | **주소** 서울시 동대문구 답십리로 41길 33
전화 070-8210-0523 | **팩스** 02-6455-8386 | **메일** chucreambook@naver.com
출판등록 제2019-000016호

ⓒ 최설희, 강지혜, 강은옥, 슈크림북 2019
저작권자의 동의 없이 무단 복제 및 전재를 금합니다.

ISBN 979-11-967164-9-3 74710
ISBN 979-11-967164-8-6 (SET)

※ 잘못된 책은 구입처에서 바꾸어 드립니다.

instagram.com/chucreambook
한번 맛보면 헤어 나올 수 없는 북 콘텐츠를 만나 보세요!

속담으로 감정 표현하기

내 말 알아주는 속담

글 최설희 강지혜 그림 강은옥

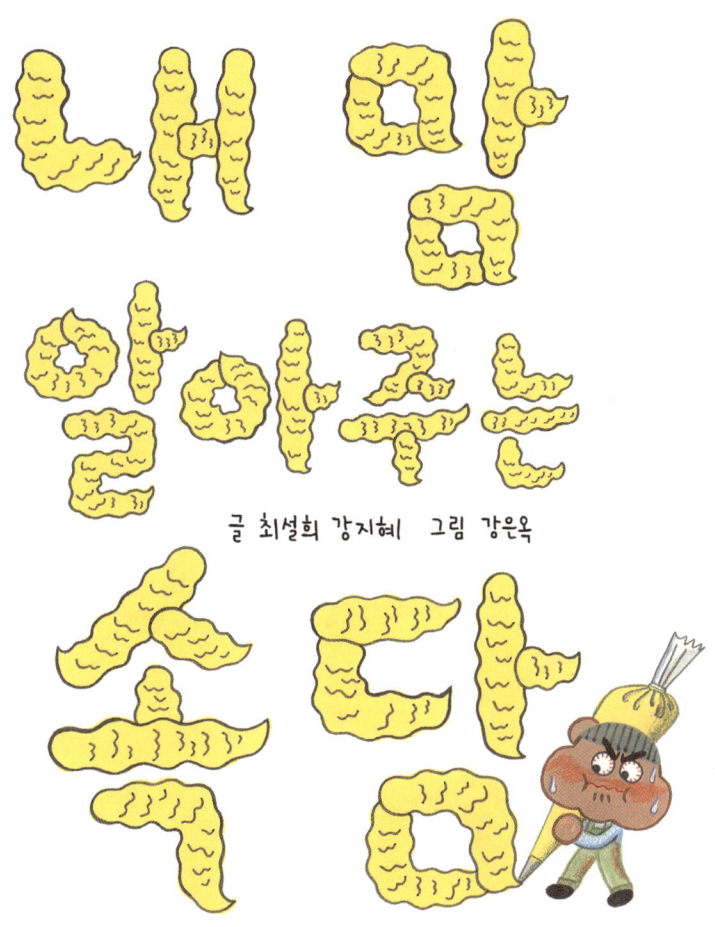

슈크림북

차례

가는 말이 고와야 오는 말이 곱다 · · · · · · · · · · · 10

가재는 게 편 · · · · · · · · · · · 12

간에 붙었다 쓸개에 붙었다 한다 · · · · · · · · · · · 14

개구리 올챙이 적 생각 못 한다 · · · · · · · · · · · 16

고래 싸움에 새우 등 터진다 · · · · · · · · · · · 18

공든 탑이 무너지랴 · · · · · · · · · · · 20

구슬이 서 말이라도 꿰어야 보배 · · · · · · · · · · · 22

굼벵이도 구르는 재주는 있다 · · · · · · · · · · · 24

꼬리가 길면 잡힌다 · · · · · · · · · · · 26

꿩 대신 닭이다 · · · · · · · · · · · 28

남의 손의 떡이 커 보인다 · · · · · · · · · · · 30

낫 놓고 기역 자도 모른다 · · · · · · · · · · · 32

낮말은 새가 듣고 밤말은 쥐가 듣는다 · · · · · · · · · · · 34

내 코가 석 자나 빠졌다 · · · · · · · · · · · 36

누워서 침 뱉기 · · · · · · · · · · · 38

눈에는 눈 이에는 이 · · · · · · · · · · · 40

돌다리도 두들겨 보고 건너라 · · · · · · · · · · · 42

동에 번쩍 서에 번쩍 · · · · · · · · · · · 44

등잔 밑이 어둡다 · · · · · · · · · · · 46

떡 줄 사람은 생각도 않는데 김칫국부터 마신다 · · · · · · · · · · · 48

똥 묻은 개가 겨 묻은 개 나무란다 ······ 50
뛰는 놈 위에 나는 놈 있다 ······ 52
마른하늘에 날벼락 ······ 54
말 한마디로 천 냥 빚을 갚는다 ······ 56
모르는 게 약이요 아는 게 병 ······ 58
못된 송아지 엉덩이에 뿔이 난다 ······ 60
방귀 뀐 놈이 성낸다 ······ 62
배보다 배꼽이 크다 ······ 64
백지장도 맞들면 낫다 ······ 66
벼는 익을수록 고개를 숙인다 ······ 68
병 주고 약 준다 ······ 70
빛 좋은 개살구 ······ 72
사촌이 땅을 사면 배가 아프다 ······ 74
서당 개 삼 년이면 풍월을 읊는다 ······ 76
세 살 버릇 여든까지 간다 ······ 78
소 잃고 외양간 고친다 ······ 80
쏘아 놓은 화살이요 엎지른 물이다 ······ 82
아니 땐 굴뚝에 연기 날까 ······ 84
오르지 못할 나무는 쳐다보지도 마라 ······ 86
우물 안 개구리 ······ 88

울며 겨자 먹기 · 90
윗물이 맑아야 아랫물이 맑다 · · · · · · · · · · · · · · · 92
작은 고추가 더 맵다 · 94
재주는 곰이 넘고 돈은 주인이 받는다 · · · · · · · · · 96
짚신도 제짝이 있다 · 98
참새가 방앗간을 그냥 지나가랴 · · · · · · · · · · · · 100
콩으로 메주를 쑨다 해도 안 믿는다 · · · · · · · · · 102
티끌 모아 태산 · 104
호랑이도 제 말 하면 온다 · · · · · · · · · · · · · · · · · 106
호박이 넝쿨째 굴러 들어오다 · · · · · · · · · · · · · · 108

내 맘, 네 맘 알아주는 속담 · · · · · · · · · · · · · · · · 110
만화 속 파파 슈크림 찾기 · · · · · · · · · · · · · · · · · 114

캐릭터 소개

프롤로그

세상 달콤한 슈크림들에게도

때론 스크림하고

응가 같은 일이 일어나기도 하지요.

응가야, 슈크림이야?

초코 맛 슈크림이라고요!

가는 말이 고와야 오는 말이 곱다

왜 자꾸 나를 방귀쟁이라고 부르는 거야? 기분 나빠.
그래서 그 기분을 똑같이 돌려줬지. 쌤통이다!

남에게 말이나 행동을 좋게 해야 남도 나를 좋게 대한다.

꼭 필요한 물건을 친절하게 배달해 주신 택배 기사 분께
감사한 마음이 들었어.
그래서 마음을 담아 음료수를 선물 드렸어.

● ● ● ● ● ●

"딸, 오늘도 힘들었지?"
엄마가 나를 꼭 안아 주면서 이렇게 말했어.
나도 엄마를 안고 "엄마, 사랑해." 하고 대답했어.

● ● ● ● ● ●

친구들이 나를 돌머리라고 놀렸어.
그런데 무슨 일이 벌어졌느냐면,
걔네들이 돌부리에 걸려 넘어진 거야.
와당탕! 왠지 모르게 고소하더라.

가는 말이 고와야 오는 말이 고운 법.

 내 맘 알아주는 속담

평소에 가족 또는 친구와 대화하다가 나도 모르게 함부로 말한 적이 있나요? 가까운 사이일수록 편한 마음에 실수를 할 수 있어요. 하지만 상대방의 마음이 상하면, 언젠가 그 마음이 나에게 돌아올 수 있답니다. 말실수를 했다면, 꼭 사과하는 게 좋아요.

가재는 게 편

내 동생을 편드는 마음이 저절로 생겨.
나랑 친하거나 가까운 사람을 더 돕고 싶을 때도 있으니까.

자기와 가깝거나 처지가 비슷한 사람을 더 감싸 준다.

북한과 일본이 축구 경기를 하는데
나도 모르게 북한을 응원하고 있었어.

• • • • • •

우리 반 회장은 꼭 부회장에게만
재밌는 책을 빌려주더라.

• • • • • •

아이돌 그룹 BTT를 좋아하는 소영이랑
배우 박보형을 좋아하는 고은이가
서로 자기가 좋아하는 연예인이 더 멋지다며
티격태격하는 거 있지.

역시 가재는 게 편!

 **내 맘 알아주는 속담**

가재와 게는 닮은 점이 많아요. 둘 다 집게발을 가지고 있고 바다에 살아요. 그래서 가재는 무조건 게 편을 들었어요. 나와 친해서, 가족이니까, 같은 성별이니까, 같은 민족이라서 등 여러 이유로 편들고 싶은 마음이 생길 수 있어요. 그런데 그 마음이 의리 있는 행동인지 아니면 무조건 편들기만 하는 건 아닌지 잘 생각해 보는 게 좋겠죠?

간에 붙었다 쓸개에 붙었다 한다

자기에게 필요할 때만 여기 붙었다 저기 붙었다 한다고?
그런 친구는 너에게 좋은 친구가 아니야.

자신에게 조금이라도 이익이 되면 지조 없이 여기저기 붙는다.

"네 생일 파티에 꼭 갈게!"
철석같이 약속했던 친구가
나보다 더 인기 많은 친구 생일 파티로 가 버렸다.
정말 뒤통수 맞은 기분이야!

• • • • • • •

날개 달린 동물과 날개 없는 동물이 서로 싸웠어.
박쥐는 날개를 접었다 폈다 하면서 여기저기 붙었대.
그래서 어떻게 되었냐고?
"박쥐 너, 당장 나가!"

 내 맘 알아주는 속담

갈팡질팡! 나도 뭐가 더 좋은 선택인지 고민될 때가 있어요. 물론 나에게 더 이익이 되는 선택을 하는 게 좋겠지요. 그렇다고 내가 중요하다고 믿는 생각이나 친구와의 우정을 내 버린다면 좋은 선택이 아닐 거예요. 간에 붙거나 쓸개에 붙지 않아도 꿋꿋하게 내 길을 갈 수 있는 나만의 줏대가 가장 중요해요!

개구리 올챙이 적 생각 못 한다

누구나 서툴고 부족한 때가 있어.
그런 때가 있었기 때문에 지금의 내가 있다는 걸 기억해!

지난 일은 생각 못 하고 잘난 척하다.

 깜박하고 휴대폰을 안 갖고 왔더니
너무 불편하네.

너 휴대폰 생긴 지 얼마나 됐다고 투덜대니?

· · · · · ·

 우리 반에서 수영 못하는 애는
연수밖에 없을걸.

너도 지난주부터 배웠잖아.

 **내 맘 알아주는 속담**

올챙이는 여러 과정을 통과해야 개구리가 될 수 있어요. 개구리가 되어야 비로소 다리를 힘차게 뻗어 멀리 뛸 수 있지요. 처음부터 멀리 뛸 수 있는 사람은 없어요. 누구에게나 올챙이 같은 때가 있답니다. 서툴고 부족하지만 개구리가 되기 위해 힘차게 꼬물거렸던 때를 기억하며, 마음속에 '겸손'이라는 글자를 새겨 보세요.

고래 싸움에 새우 등 터진다

새우가 지나가신다!
싸우던 고래들은 당장 싸움을 멈춰라!

강한 사람들끼리 싸우는 데
약한 자가 껴서 피해를 입는다.

고래 두 마리가 씩씩거리면서 싸우고 있었어.
커다란 꼬리와 지느러미를 휙휙 내저으며 난리가 났지.
그런데 하필 그 옆을 지나던 새우가 사이에 낀 거야.
그래서 새우는 어떻게 되었느냐면…….

• • • • • •

엄마 아빠가 부부 싸움을 했나 봐.
나는 별일 아니라고 생각하려 애썼어.
그런데 거실 분위기가 너무 싸한 거야.
괜히 눈물이 나.
엄마 아빠가 얼른 화해했으면 좋겠어.

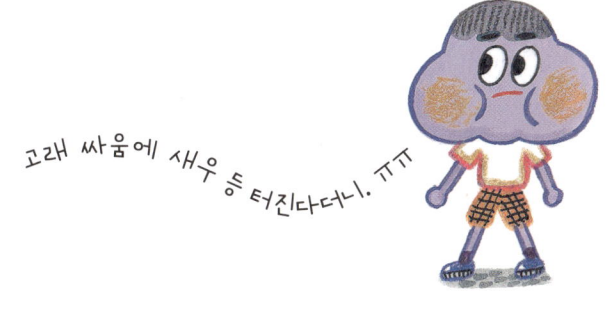

 **내 맘 알아주는 속담**

고래가 싸우는데 새우가 다친다니, 정말 그 새우는 지지리도 운이 없다고 생각하겠죠? 내가 새우의 입장일 수도 있고, 반대로 고래가 될 수도 있어요. 만약 나 때문에 다른 친구가 상처를 받거나 다치게 된다면 어떨까요? 일단 싸움을 멈추고 '새우' 친구부터 살피는 게 어떨까요?

공든 탑이 무너지랴

어떤 일을 꾸준히 정성 들여 해 본 적 있니?
그런 너를 응원해! 노력은 절대 배신하지 않거든.

꾸준히 노력하면 반드시 좋은 결과를 얻는다.

스케이트를 처음 탔을 때에는
서 있기도 힘들었어.
하지만 꾸준히 연습했더니 이제 바람처럼
쌩쌩 달릴 수 있게 되었어!

• • • • • • •

뜀틀 넘기 연습을 하는데 뜀틀이 너무 높아 보여.
발 구르기, 손 짚기도 어렵고
엉덩이는 자꾸 걸리고. 그만할까?
아니야. 마지막으로 한 번만 더…….
와! 넘었다!

이제 걱정 없겠는걸.
공든 탑이 무너지진 않을 테니까.

 **내 맘 알아주는 속담**

얼기설기 대충 쌓은 탑은 얼마 못 가서 무너지고 말 거예요. 하지만 시간과 정성을 들여 쌓은 탑은 단단하답니다. 공든 탑을 쌓기까지 많은 어려움이 있겠지만 매일 조금씩 단단해지는 나를 칭찬해 주세요. 탑을 쌓는 과정에서 받는 칭찬과 응원만큼 탑을 단단하게 만드는 것도 없거든요.

구슬이 서 말이라도 꿰어야 보배

가치 있고 귀한 것은 저절로 만들어지지 않아.
정성을 들여 갈고 닦아야만 진짜 빛이 나는 법!

아무리 좋은 것도 쓸모 있게 만들어야 비로소 가치가 있다.

캠핑 가면서 맛있는 먹거리를 잔뜩 준비했는데,
아뿔싸!
숟가락과 젓가락을 안 가져왔지 뭐야!

• • • • • • •

누나는 평소에 영어 단어를 줄줄 외우더니
정작 외국인을 만나서는 한마디도 못 하더라.
단어를 이용해 문장 만드는 연습도 했으면
좋았을 텐데.

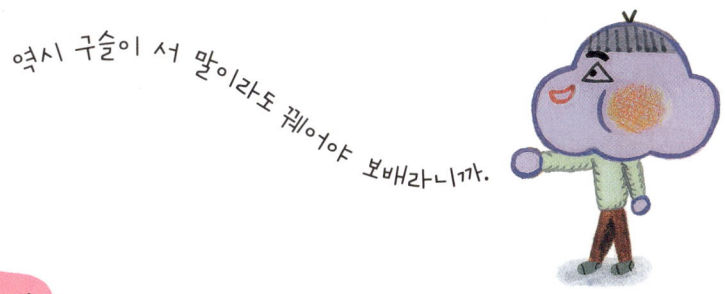

 내 맘 알아주는 속담

반짝이는 구슬이 서 말(한 말은 약 18ℓ)이나 있어도 곱게 꿰어 장신구로 만들지 않으면 아무 쓸모가 없어요. 정성을 들여 쓸모 있는 것으로 만드는 일, 가치 있는 것으로 만들기 위해 끝까지 노력하는 일 모두 쉽지만은 않아요. 하지만 여러분은 모두 반짝이는 구슬을 가지고 있어요. 그 구슬을 꿰기 위해 어떤 노력을 해야 할까요?

굼벵이도 구르는 재주는 있다

함부로 무시하거나 깔보지 말 것.
미처 보지 못한 장점이 숨겨져 있을 테니까.

못난 사람이라도 잘하는 것 하나는 있다.

내 동생은 책을 더듬더듬 읽는데
달리기는 엄청 빨라.

● ● ● ● ● ●

이 만화 속 주인공은 계속 골칫덩어리더니
결국 엄청난 일을 해냈어.

● ● ● ● ● ●

아……, 나는 대체 잘하는 게 뭘까?

 **내 맘 알아주는 속담**

굼벵이는 매미, 풍뎅이 같은 벌레의 애벌레예요. 짧고 통통해서 잘 움직이지 못하지만 데굴데굴 구를 땐 제법 빨라요. 나의 부족한 부분만 보려고 하면 마음은 더 주눅 들어 움츠러들고 말 거예요. 나의 장점을 보려고 노력해 보세요. 마음에 드는 또 다른 내 모습이 나타날지도 몰라요. '기는 게 힘들면 구르면 되지!' 하고 마음먹은 굼벵이처럼 말이에요.

꼬리가 길면 잡힌다

누군가 내 곰 인형을 다치게 했다. 꼬리가 길면 잡히는 법!
잡았다, 요 녀석. 정말 꼬리 긴 녀석이 범인이었다!

나쁜 일을 계속하면 결국에는 들키고 만다.

엄마 몰래 화장대 서랍에 있는 동전을 썼어.
어느 날은 만 원짜리가 있어서
나도 모르게 덥석 가져간 거야.
그날 밤 엄마에게 들켜서 엄청 혼났어. 흑흑.

· · · · · · ·

청소 모둠인데 맨날 빠지는 얄미운 친구가 있어.
선생님께 말씀드렸는데, 그 녀석이 아니라고 우기는 거야.
그런데 오늘 청소 검사하러 오신 선생님께, 딱 걸렸지 뭐야!

꼬리가 길면 잡히는 법.
잘못을 들켰을 때는 진심으로 반성하자.

 **내 맘 알아주는 속담**

나도 모르게 잘못을 저질렀는데, 아무도 본 사람이 없다면 슬쩍 넘어가고 싶지요? 그래서 한 번 더 같은 잘못을 저질러도 될 것 같지 않나요? 운이 좋다면 또 그냥 넘어갈지도 모르니까요. 하지만 잘못된 일은 언젠가 꼭 들키기 마련이에요. 잘못은 뉘우치고 용서를 빌어야 해요. 직접 밝히기가 어렵다면 일기나 편지를 통해 마음을 털어놓아도 좋아요.

꿩 대신 닭이다

솜사탕이 없다고 슬퍼하지 마, 아이스크림이면 돼!
쉽게 좌절하거나 포기하지 말고 다른 생각을 반짝여 봐!

적당한 것이 없으면 그것과 비슷한 것으로 대신한다.

깜빡하고 수학 교과서를 놓고 왔어.
그래서 어떻게 했느냐면, 꿩 대신 닭!
수학 익힘 교과서를 펴 놓았지.
선생님께 딱 걸려서 혼나긴 했지만.

• • • • • •

생일 선물로 받은 휴대폰을 잃어버려서
엄마가 쓰던 옛날 휴대폰을 쓰게 되었어. 휴, 촌스러워.
그런데 그 안에 태어났을 때부터 지금까지
나의 모든 것이 담겨 있었어.
사진, 동영상, 그리고 엄마의 마음까지.
이제 엄마의 오래된 휴대폰도 너무 소중해.

 **내 맘 알아주는 속담**

그 물건이 꼭 필요한데 없을 때가 많아요. 그렇다고 짜증을 내거나 불만일 필요는 없어요. 살다 보면 필요한 사람, 필요한 물건이 그때그때 딱 나타나지 않을 때가 많거든요. 그럴 땐 '어떻게 문제를 해결할까?' 곰곰이 생각해서 이런저런 창의적인 아이디어를 내는 건 어때요? 때론 꿩 대신 가져온 닭이 더 상황에 꼭 들어맞고 완벽할 수도 있거든요!

남의 손의 떡이 커 보인다

나도 알아. 똑같이 자른 아이스크림인데도 왜 자꾸 다른 사람 아이스크림이 더 커 보일까? 정말로 미스터리야.

자기 물건보다 남의 물건이 더 좋아 보인다.

동생이 생일 선물로 예쁜 운동화를 받았어.
사실 나도 지난 달에 운동화를 샀는데
왜 동생 운동화가 더 좋아 보일까? 속상해.

• • • • • •

할머니가 밤을 삶아 주셨어.
언니랑 나랑 하나씩 밤을 먹고 있는데,
언니 밤이 엄청 큰 거야!
그래서 떼를 써서 바꿨는데, 우웩,
바꾼 밤에 징그러운 벌레가 들어 있었어!

 **내 맘 알아주는 속담**

다른 친구의 물건이나 동생 입으로 들어가는 간식이 더 좋아 보일 때가 있지요? 그렇다고 내가 욕심쟁이라는 건 아니에요. 다른 사람 것이 좋아 보이는 감정은 자연스러워요. 그런 마음이 들 땐 찬찬히 주위를 둘러보세요. 내가 가진 물건, 내 곁의 사람이 얼마나 소중하고 감사한지 깨닫는 데는 오랜 시간이 걸리지 않거든요.

낫 놓고 기역 자도 모른다

괜찮아. 모를 수도 있어.
몰랐던 걸 알려고 하는 마음이 더 중요하니까.

눈앞에 정답을 두고도 알아채지 못할 정도로 무식하다.

 내 동생은 빨래집게를 앞에 놓고
A자도 몰라.

너도 알파벳을 배우기 전엔
낫 놓고 기역 자도 모르는 기분이었을 거야.

• • • • •

 '빛고을'이 광주(빛 光 마을 州)의
고유어라는 걸 알고 있었어?

낫 놓고 기역 자도 모른다더니
한자 뜻 그대로인 걸 이제 알았구나.

낫 놓고 기역 자도 모른다더니.

 내 맘 알아주는 속담

정답이 훤히 보이는 빤한 내용도 알아채지 못하는 상황을 말해요. 이런 상황에 놓이면 부끄러운 마음에 얼굴이 빨개져요. 상황을 피해 숨고 싶은 마음도 들지요. 하지만 매일매일 무언가를 배워 나가는 친구들은 모르는 것을 부끄러워하지 않아도 돼요. 단, 몰랐던 것을 알아 가는 즐거움과 짜릿함은 꼭 느껴 보기를!

낮말은 새가 듣고 밤말은 쥐가 듣는다

분명히 비밀이라고, 너만 알고 있으라고 했는데…….
여기저기서 속닥속닥! 어느새 모두 알게 되었다!

아무도 안 듣는 것 같아도 말조심을 해야 한다.

"쉿! 너만 알고 있어!"
단짝 친구에게 비밀을 말했는데
갑자기 후회가 되었어.

• • • • • • •

얼굴이 안 보인다고 인터넷에서 악플을 썼어.
하지만 정말 아무도 모를까?

• • • • • • •

"임금님 귀는 당나귀 귀!"
임금님의 비밀을 대나무 숲에 대고 외친 이발사.
비밀을 몰래 들은 대나무 숲은
얼마나 입이 간질간질했을까?

 내 맘 알아주는 속담

비밀을 들었을 땐 이런저런 마음이 생길 수 있어요. 다른 사람한테 말하고 싶기도 하고, 익명으로 이야기를 퍼뜨리고 싶기도 해요. 하지만 반대로 꼭 지켜 주어야 한다는 책임감이 생기기도 하죠. 만약 혼자 풀기 힘든 고민이 있다면, 어른에게 도움을 받는 것이 좋아요. 믿을 수 있는 어른이라면, 비슷한 경험을 했던 어린 시절을 떠올리며 진심 어린 이야기를 들려줄 테니까요.

내 코가 석 자나 빠졌다

친구를 도와주려는 너의 마음은 고마워.
하지만 네 코가 석 자인걸, 마음만 받을게.

내 처지가 어려워서 남을 도울 수 없다.

코는 '자존심'을 뜻하기도 해.
그래서 코를 납작하게 해 준다는 말도 있지.
그런데 코가 석 자(90cm가 넘는 길이)나 빠졌다니,
그건 얼마나 큰일인 거야?

● ● ● ● ●

피규어를 사러 가려는데 돈이 부족했어.
그래서 형한테 가서 1,000원만 빌려 달라고 했어.
그런데 형이 한숨을 푹 쉬면서 이렇게 말하는 거야.
"내 코가 석 자라서 널 도울 수 없어.
미안한데 5,000원만 빌려 줄래?"
헉! 내 지갑에 딱 5,000원이 있는 걸 형이 어떻게 알았지?

 **내 맘 알아주는 속담**

누군가를 도와주려는 마음은 정말 빛나고 예뻐요. 덩달아 내 마음도 뿌듯해져요. 하지만 내 처지가 어려운데 무리해서 남을 도와주기는 어려워요. 도움을 주고받는 일은 형편에 맞게 이루어져야 하니까요.

누워서 침 뱉기

내가 한 말과 행동은 언젠가는 내게 돌아와.
그럼 난 이렇게 말할래. "친구야, 너 참 예쁘고 멋지다."

남을 해치려 한 일이 다시 내게 돌아오다.

어쩌지? 시후가 미란이 흉보는 걸 들었어.
여자 친구 험담이 누워서 침 뱉기인 걸 모르는 걸까?

● ● ● ● ● ●

지각하는 애들은
학교 다닐 자격이 없다고 험담을 늘어놨어.
이크. 그런데 다음 날 배탈이 나서 그만,
나도 지각하고 말았어!

 **내 맘 알아주는 속담**

친구나 가족의 흉을 보고 싶을 때가 있어요. 가까운 사이인 만큼 장점도 알지만, 단점도 속속들이 잘 알고 있으니까요. 그런데 잠깐은 통쾌할지 몰라도 상대방에겐 나도 똑같은 사람으로 보일 거예요. 그러니 가까운 사람의 잘못을 들추어 곤란하게 만들기보다 이해하고 감싸 안는 큰 마음이 필요해요.

눈에는 눈 이에는 이

눈에는 눈! 이에는 이다! 벌써 일주일째! 놀림을 당해서 반격하고, 또 당하고 반격하고. 도대체 이 싸움은 언제 끝나는 걸까? 흑흑.

손해 본 만큼 되갚아 주려고 한다.

기원전 18세기 바빌로니아 왕국에는
함무라비 법전이 있었어.
가장 유명한 말, '눈에는 눈 이에는 이'가
여기 담겨 있지.

• • • • • • •

'눈에는 눈'과 반대로
'눈에는 눈으로 대한다면 세상의 모든 눈이 멀게 될 것이다.'라는
명언도 있어. 그만큼 '용서'가 중요하다는 뜻이야.
하지만 잘못한 사람이 진심으로 반성하고
사과하는 게 먼저겠지?

 내 맘 알아주는 속담

내가 실수로 다른 사람에게 폐를 끼칠 때가 있어요. 그럴 때는 상대가 똑같이 나한테 앙갚음을 해야 하나요? 나는 그걸 그대로 당해야 하고요? 그러기 전에 먼저 미안한 마음을 담아 사과하는 게 좋아요. 나와 상대의 입장을 바꾸어 생각해 보고, 상대의 마음이 누그러질 때까지 진심을 담아 마음을 전해요.

돌다리도 두들겨 보고 건너라

누구나 실수는 할 수 있어.
하지만 실수를 줄이는 방법도 분명 있지.

잘 아는 일이라도 꼼꼼하게 살펴야 한다.

나, 나오면서 에어컨을 안 끄고 나온 것 같아!

• • • • • •

대학생 우리 형은 학교 가는 길에
지하철을 반대로 타서 지각했대.

• • • • • •

동네에서 자주 마주쳐 익숙한 사람이라도
함부로 따라가면 안 돼.

 **내 맘 알아주는 속담**

예상에 없던 일은 언제 어디서나 일어날 수 있어요. 불안한 마음을 조금이라도 지우는 방법은 미리 꼼꼼하게 준비하고 주의하는 거랍니다. 익숙하고 편안한 상황에서는 더 마음을 놓기 쉽지만, 그럴수록 세심하게 살피고 마음을 정돈하는 게 좋겠지요.

동에 번쩍 서에 번쩍

여기에서 후다닥, 저기에서 뿅!
아침부터 저녁까지 이리저리 바쁘게 다녀 본 적, 있지?

몹시 빠르고 바쁘게 왔다 갔다 한다.

홍길동은 어느 순간 '뿅' 나타나
못된 벼슬아치를 혼내 주고 사라지고는 했지.

• • • • • •

요즘 시골에는 멧돼지가 갑자기 나타나서
농작물을 냠냠 먹어치우고 깊은 산속으로 숨어 버린대.

• • • • • •

정우는 조금 전까지 운동장에 있더니
지금은 교무실에 있네?

 내 맘 알아주는 속담

엄마 아빠는 회사도 다니고 집안일도 나눠서 하고 우리도 돌보느라 동에 번쩍, 서에 번쩍! 나는 학교 끝나고 운동장으로, 운동장에서 학원으로, 학원에서 집으로 번쩍, 번쩍! 우리 가족 모두 열심히 살고 있어요.

등잔 밑이 어둡다

가까운 곳으로 눈을 돌려 봐.
소중한 건 생각보다 가까이 있어.

가까이 있는 것에 대해 오히려 잘 모른다.

너는 연예인 오빠들 생일은 다 외우면서
내 생일도 모르니?

● ● ● ● ●

대형 마트를 다 뒤져도 못 산 물건을
우리 동네 작은 가게에서 찾았지 뭐야.

● ● ● ● ●

날아오는 공을 피하려다
돌에 걸려 넘어지고 말았어…….

 **내 맘 알아주는 속담**

불꽃이 타오르는 등잔 밑은 오히려 그림자 때문에 어두워요. 가깝지만 잘 보이지 않아 소홀하기 쉽지요. 소홀히 여겼던 것을 다시 들여다보면 그동안 볼 수 없었던 것을 발견할 수 있어요. 길에 피는 작은 들꽃, 가족과 둘러앉아 먹는 따뜻한 한 끼의 식사. 일상의 한 부분도 소중하게 여기는 마음이 있다면 하루하루가 즐거울 수 있어요.

떡 줄 사람은 생각도 않는데
김칫국부터 마신다

일 년에 한 번뿐인 내 생일. 무슨 선물을 받을지 기대했는데…….
나 혼자 김칫국 마신 거라니, 너무 속상해.

해 줄 사람은 생각도 않는데 미리부터 다 된 일처럼 군다.

4학년 때, 내 인생 최초로 남자 친구가 생겼어.
그런데 그 애가 자꾸 기념일을 챙기자는 거야.
난 그러고 싶지 않았는데 몇 번 챙겨 주다가
너무 귀찮더라. 결국 헤어지고 말았어.

• • • • • •

반 회장 선거에 나가게 되었어.
내가 정말로 반 회장이 되면 어떨까?
온갖 신나는 생각을 하다 보니,
진짜 당선된 것 같더라고.
그런데 다음 날 꼴찌로 떨어져 버렸어. 흑흑.

떡 줄 사람은 생각도 않는데
김칫국부터 마시면…

 **내 맘 알아주는 속담**

가끔은 누군가가 나에게 무엇을 해 줄 거라고 기대할 때가 있어요. 기대만 해도 너무 설레고 신나지요. 그런데 알고 보니 상대방은 그럴 마음이 하나도 없었던 거예요. 그럴 땐 너무 섭섭하고, 허무한 감정까지 생겨요. 아예 처음부터 내가 상대방의 마음을 오해하거나 세상 일을 좋은 쪽으로만 넘겨짚은 탓이니, 툭툭 털고 일어나도록 해요.

똥 묻은 개가 겨 묻은 개 나무란다

책에 마구 낙서를 하던 애가 책에 코딱지를 묻힌 애를 일렀어.
누가 더 잘못을 했냐고? 둘 다 잘한 게 하나도 없어.

자기는 더 큰 흉이 있으면서 도리어 남의 작은 흉을 본다.

잘난 척 대마왕 우리 오빠가
같이 텔레비전을 보다가 말했어.
"저 연예인 너무 잘난 척한다. 진짜 별로네."

• • • • • • •

오늘 축구를 하는데, 1대0으로 졌어.
그런데 경기가 끝나고 친구가 막 내 탓을 하는 거야.
난 너무 황당해서 말했지.
"야, 우리는 네가 자책골을 넣어서 진 거라고!"

 **내 맘 알아주는 속담**

잘못은 자기가 해 놓고, 막 우기거나 남 탓하는 친구들이 있어요. 그런 친구들을 보면 황당하고 어이없는 감정이 들어요. 그럴 땐 그 친구의 잘못을 제대로 짚어 주는 게 좋아요. 반대로 내가, 나의 잘못을 깜빡하고 남의 실수만 탓하고 있었다면 어떨까요? 상황을 바로 깨닫고 나면 정말 부끄러운 감정이 들겠지요?

뛰는 놈 위에 나는 놈 있다

자신만만한 건 좋지만 자만하는 건 안 돼!
항상 나보다 더 잘하는 사람이 있게 마련이니까.

아무리 재주가 뛰어나도 그보다 더 나은 사람이 있다.

우리 반에서 내 별명은 '댄스 천재'야.
나만큼 춤 잘 추는 애를 본 적이 없어.
그런데 인터넷 동영상을 보니까,
나보다 춤 잘 추는 어린 동생들이 왜 이렇게 많은 거야!

• • • • • •

줄넘기를 한 번에 100번 넘었어! 야호!
그런데 짝꿍이 101번을 넘어서 나를 이겼어.
매일 저녁마다 연습했다는 짝꿍에게 말했어.
"넌 뛰는 놈 위에 나는 놈이야."

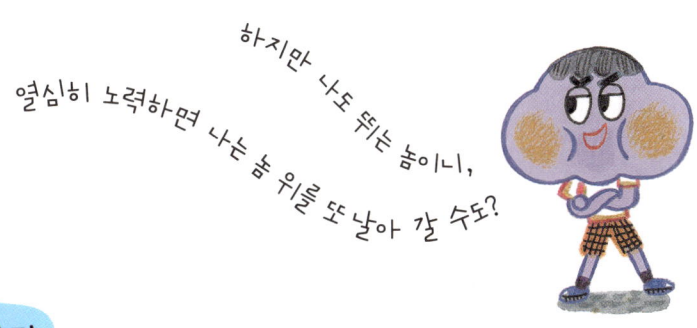

 **내 맘 알아주는 속담**

사람마다 가진 재능은 다르고, 열심히 노력하면 서로의 재능을 뛰어넘기도 해요. 그래서 내가 어떤 일을 아주 잘한다고 자만하거나 남을 무시하지 말아야 해요. 왜냐하면 언제든지 나를 뛰어넘는 실력자가 나타날 수 있거든요.

마른하늘에 날벼락

예상치 못한 나쁜 소식은 당황스러워.
많이 기대할수록 실망도 더 크고 말이야.

뜻밖에 나쁜 일이 생기다.

열심히 완성한 미술 작품을
동생이 망가뜨렸어!

● ● ● ● ● ●

운동회 때 이어달리기에서
우리 팀이 이기고 있었는데
마지막 주자가 역전 당하고 말았어.

● ● ● ● ● ●

캠핑을 가려는데 갑자기 일기 예보에 없던
폭우가 쏟아졌어. 하늘은 맑은데
우르르쾅쾅! 천둥 번개까지 치지 뭐야!

정말 마른하늘에 날벼락이네.

 **내 맘 알아주는 속담**

전혀 예상하지 못했을 때 나쁜 상황이 들이닥치면 어떨까요? 짜증, 당황, 실망, 좌절, 슬픔 같은 감정이 몰려오면서 잔잔했던 마음에도 벼락이 치겠죠? 하지만 흐린 풍경은 계속되지 않아요. 언젠가는 구름이 걷히고 해가 뜰 거예요. 따스한 햇살을 기다리는 마음이라면 괴로운 상황도 생각보다 가볍게 털어 버릴 수 있어요.

말 한마디로 천 냥 빚을 갚는다

말에도 힘이 있어. 그중 힘이 센 말 세 가지를 알려 줄게.
미안해, 고마워, 사랑해.

말만 잘하면 몹시 어려운 일도 해결할 수 있다.

"여기 떡볶이가 제일 맛있어요."라고 했더니
분식집 아주머니가 평소보다
떡볶이를 많이 주셨어.

● ● ● ● ● ●

친구가 아끼는 책을 실수로 찢고 말았어.
친구가 실망할까 봐 걱정되었지만
미안하다고 솔직하게 말했지.

● ● ● ● ● ●

동생과 다투어 엄마한테 야단을 맞는데,
내가 조금 더 잘못한 것 같다고 했더니
엄마가 우리를 꼭 안아 주셨어.

상대를 감동시키는 건
천 냥보다 값진 말 한마디!

내 맘 알아주는 속담

사람의 마음을 움직이는 것은 천 냥이나 되는 큰돈이 아니라 바로 말 한마디일 수 있어요. 어떤 말은 도리어 나쁜 상황을 불러오기도 하고, 어떤 말은 사람을 기분 좋게 만들며, 어떤 말은 상대방을 변화시키기도 하지요.

모르는 게 약이요 아는 게 병

때로는 차라리 내가 치과에 간다는 걸 모를 때가 나아.
미리 알았다면, 절대 엄마를 따라 나서지 않았을 거야.

아무것도 모르면 마음이 편하나, 조금 알게 되면 걱정이 생긴다.

"오늘이 체육 수행 평가 날이었어?"
나는 체육에 자신이 없다.
갑자기 식은땀이 나면서 밥맛이 뚝 떨어졌다.
차라리 몰랐을 때가 나았다.

• • • • • • •

뭐라고? 내가 좋아하는 4학년 누나가
다른 형이랑 사귄다고?
그 사실을 알고 나니까,
갑자기 하늘이 무너지는 것 같았어.
병이 난 것처럼 온몸이 아팠어.

 **내 맘 알아주는 속담**

어떤 일은 차라리 몰랐을 때가 나았다고 생각할 때가 있어요. 때로는 너무 많은 것을 알면 그만큼 책임감도 생기고 마음이 무거워질 수 있거든요. 하지만 언제까지 모를 수만은 없죠. 고민을 해결해 나가면서 성장하고 발전하며 멋진 어른이 되는 거니까요.

못된 송아지 엉덩이에 뿔이 난다

고양이까지 못살게 구는 우리 동네 최고 말썽꾸러기!
엉덩이를 보니까, 진짜 크고 못생긴 뿔이 달려 있더라.

나쁘게 행동하는 사람이 자꾸만 엇나가게 된다.

엄마 몰래 학원을 빠지고 친구들이랑 실컷 놀았어.
노는 김에 PC방까지 갔지.
엄마한테 걸려 혼나는데 나도 모르게 대들기까지 한 거야.
정말 못된 송아지의 날이었어.

• • • • • •

아주아주 못된 송아지가 농장에 살았어.
닭이 낳은 달걀을 깨뜨리고, 개가 먹던 밥그릇을 엎고,
농부가 기른 채소밭도 다 밟아 버렸어.
못된 짓이란 못된 짓은 다 하는 송아지 엉덩이에는
보기도 싫은 뿔이 솟아났대.

 **내 맘 알아주는 속담**

누구나 삐뚤어지고 싶을 때가 있어요. 그럴 때 어른들이 혼까지 내면, 기름을 끼얹은 불처럼, 나도 걷잡을 수가 없어요. 누구나 못된 송아지가 되는 시기가 있어요. 중요한 것은 보기 싫은 뿔이 나기 전에 얼른 예전의 나로 돌아오는 거예요. 그리고 내가 저지른 잘못에 상처받은 사람이 있다면, 꼭 용서를 빌도록 해요.

방귀 뀐 놈이 성낸다

무안하고 민망한 마음을 숨기려다가
나도 모르게 목소리가 더 높아질 때가 있긴 하지.

잘못은 자기가 저지르고 오히려 남을 나무란다.

동생은 장난치다 화분을 깨 놓고는
괜히 더 크게 엉엉 울더라니까.

● ● ● ● ● ●

'적반하장(賊反荷杖)'이라는 고사성어는
'도둑이 도리어 몽둥이를 든다.'는 뜻이야.

● ● ● ● ● ●

저 자동차가 어린이 보호 구역에서 쌩쌩 달려오더니
길을 건너는 우리에게 경적을 울리는 거 있지.

정말 방귀 뀐 놈이 성낸다더니!

내 맘 알아주는 속담

실수하거나 아차, 하는 순간이 있어요. 붉으락푸르락 화난 표정을 짓고 목소리를 높이면 내 실수나 잘못이 드러나지 않을 것 같기도 해요. 그러나 얼기설기 덮으면 금방 정체가 드러나는 법! 무안하고 민망한 그 순간을 넘길 수는 있어도 떳떳할 수는 없죠. "미안해!" 이 한마디를 할 수 있는 용기를 내 봐요.

배보다 배꼽이 더 크다

공짜 핸드폰 받고 좋아하더니
얻은 것보다 잃은 게 더 많네.

덧붙이는 것이 더 크거나 많다.

중고 게임기를 사러 갔다가
새로 나온 게임 팩을 다섯 개나 샀지 뭐야.

● ● ● ● ● ●

이 과자 봉지는 엄청 큰데
과자는 엄청 조금 들어 있어.

 내 맘 알아주는 속담

덧붙여지는 게 더 크거나 많아서 예상과 다른 결과가 나타났을 때 쓸 수 있는 속담이에요. 무리하게 욕심을 내면 배보다 배꼽이 더 큰 상황과 맞닥뜨릴 수 있지요. '욕심'은 갖고 싶고, 하고 싶은 자연스러운 마음이에요. 나를 쑥쑥 자라게도 하지만, 너무 과하면 나와 주변 사람을 힘들게 할 수도 있답니다.

백지장도 맞들면 낫다

올해 한가위에는 온 가족이 함께 힘을 합쳐
둥글둥글 송편을 아주아주 많이 빚었어!

쉬운 일이라도 힘을 합치면 훨씬 쉽다.

모둠 친구들이랑 같이 사회 토론 과제를 했어.
친구들과 이런저런 의견을 나누다 보니, 금방 끝났지 뭐야.

• • • • • • •

오늘은 마리모 어항 청소하는 날!
동생이랑 번갈아 가며 스포이트로 물을 갈아 줬어.
아주 작은 어항이지만 동생이 있어 빨리 끝날 수 있었어.
이제 기분 좋은 마리모가 물 위로 동동 떠오르겠지?

백지장도 맞들면 낫다더니,
함께한 사람들과 사이도 돈독해졌네.

 **내 맘 알아주는 속담**

백지장은 손가락 두 개로도 들 수 있을 만큼 아주 가벼워요. 그런데 이런 백지장을 누군가와 함께 든다면요? 마치 공기를 든 것처럼 가벼울 거예요. 그만큼 쉬운 일이라도 힘을 합치면 한결 더 쉬워진다는 뜻이에요. 주변에 가족이나 친구가 무슨 일로 힘들어 보이면 꼭 가서 도와주세요. 언젠가 나도 도움이 필요할 때가 있을 테니까요.

벼는 익을수록 고개를 숙인다

경주 최부잣집은 나라 안에서 손꼽히는 부자였대. 창고에는 곡식이 늘 그득했지.

하지만 보릿고개가 오면 식구들도 쌀밥을 먹지 않았고,

사방 백 리 안에 굶는 이가 없도록 도우라는 게 집안의 가훈이었대.

이렇듯 돈과 벼슬보다도 베풀 줄 아는 마음 덕분에 더 큰 존경을 받았지.

높은 지위에 있으면서도 주위 사람들을 두루 살피고 보살피는 일.
고개를 숙이고 바라보아야 가능한 일!

훌륭한 사람이 더 겸손하다.

지호는 우리 반에서 달리기를 가장 잘해.
그런 지호가 운동회 때
몸이 불편한 친구의 손을 잡고 같이 뛰었어.
친구의 발걸음에 보조를 맞추느라
비록 1등을 하진 못했지만
박수는 1등으로 많이 받았어.

• • • • • • •

경주 최부잣집 이야기 알아?
사방 백 리에 굶어 죽는 사람이 없게 하라는 가훈이
진짜 부자가 된 비결이래. 가진 게 많을수록
베풀고 나누고 책임져야 한다는 거야.

알알이 잘 익은 벼는 고개를 숙이는 법이지, 암.

 **내 맘 알아주는 속담**

가을이 깊어질수록 벼는 알알이 꽉 차면서 줄기가 휘어요. 사람도 마찬가지라서 속이 꽉 찬 사람일수록 잘난 체하지 않고 자신을 낮출 줄 알지요. 높은 곳에서 뽐내기만 하는 사람은 가까이 있는 것을 잘 볼 수 없어요. 고개를 숙여야만 낮은 곳을 더 자세히 바라볼 수 있을 거예요. 나는 어디를 바라보는 사람이 되고 싶은지 생각해 보아요.

병 주고 약 준다

마음이 사르르 녹기도 하지만
때로는 너무 약 올라!

일을 망친 뒤에 도와주기까지 하다.

이번 태풍으로 피해를 입은 지역도 있지만,
가뭄이 해결된 지역도 있다니.
태풍이 병 주고 약 주네.

● ● ● ● ● ●

사촌동생이 내 서랍을 뒤지고 어지럽혀서
너무 짜증이 났는데, 서랍을 정리하다가
잊고 있던 비상금을 찾게 됐어.

● ● ● ● ● ●

네 그림 망쳐서 미안.
어쩌지? 내 크레파스라도 쓸래?

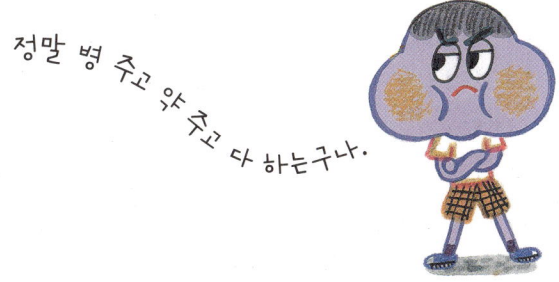

 내 맘 알아주는 속담

잘못된 상황을 되돌리는 약이나 상처받은 마음을 낫게 하는 약. 진짜 이런 약이 있으면 얼마나 좋을까요? 그런데 비슷한 효과를 내는 게 있어요. 바로 '진심'이라는 마음이에요. "친구야, 약 올리려 그러는 거 아니야. 진짜 미안해서 그러는 거야."라고 전할 수 있는 마음 말이에요.

빛 좋은 개살구

무조건 멋져 보이고 다들 부러워할 만한 걸 만드느라
튼튼한 **뼈**대와 기초를 깜빡했어. 그 결과는…….

겉만 그럴듯하고 실속이 없다.

배가 고파서 샌드위치를 샀어.
분명 살 때는 햄이랑 야채가 가득 든 걸 골랐어.
그런데 한 입 먹어 보니까,
안에는 빵만 들어 있더라. 완전 속았어!

• • • • • • •

문구점에서 새로 나온 로봇 장난감을 샀어.
엄마에게 졸라서 겨우 손에 넣었는데,
뜯어 보니까 팔다리가 움직이지 않는 거야.
빛 좋은 개살구였어! 정말 속상해.

빛 좋은 개살구라더니, 겉모습에 속지 말자.

 **내 맘 알아주는 속담**

누구나 겉모습이 화려하고 좋은 것에 마음이 끌려요. 아주 자연스러운 마음이에요. 하지만 겉모습만 보고 물건을 덥석 샀다가 별로여서 실망하거나 속상한 적이 있나요? 사실은 겉만큼이나 속도 아주 중요하거든요. 그러니까 앞으로는 겉모습만 보고 판단하지 않는 신중한 마음을 갖도록 해요.

사촌이 땅을 사면 배가 아프다

흥부 마음보는 둥근 박처럼 커다랗고
놀부 마음보는 아마 박씨만큼 작을 거야.

남이 잘되면 샘을 내고 미워하다.

회장이 됐다고 뻐기는 친구가
단원 평가 시험을 잘 못 보면 좋겠다고 생각했어.

● ● ● ● ● ●

내가 갖고 싶어 하는 스마트폰을
수아가 새로 샀다며 자랑할 때
"그 전화기는 이제 구식이야."라고 말했어.

● ● ● ● ● ●

동생이 나보다 그림을 잘 그리기에
"넌 구구단도 못 외우잖아." 하고 쏘아붙였어.

사촌이 땅을 사면 배가 아픈가 봐.
나도 모르게 그만….

 내 맘 알아주는 속담

부러워하는 마음은 나도 모르게 퐁퐁 샘솟아요. 이런 마음이 때로 나를 채찍질하는 데 도움이 될 수도 있어요. 하지만 진짜 보아야 할 것은 바로 '지금의 나'예요. '저 사람이 부럽긴 하지만 나도 이 정도면 열심히 하고 있잖아.'라고 인정할 줄 아는 자세가 몸과 마음을 건강하게 해요.

서당 개 삼 년이면 풍월을 읊는다

그 서당 개는 이제 과거 시험을 보러 간 건 아닐까?
시간과 공을 들여서 안 되는 건 없거든!

무슨 일이든 오래 보고 들으면 웬만큼 할 줄 알게 된다.

형아를 따라서 태권도 품새를 연습해 봤어.
이제 다리는 내가 더 많이 올라가.

● ● ● ● ● ●

지유네 엄마는 피아노 학원 선생님이셔.
지유는 엄마 피아노 연주를 듣고 꾸준히 연습했대.
그래서인지 지유는 피아노를 참 잘 쳐.

● ● ● ● ● ●

할머니가 텃밭을 가꾸는 걸 열심히 도왔더니
나도 쌈 채소쯤은 거뜬히 키울 수 있어!

 내 맘 알아주는 속담

이 속담은 말 못 하는 개도 서당에서 아이들의 글공부 하는 소리를 듣다 보면 어느새 시까지 멋들어지게 읊을 수 있게 된다는 우스갯소리예요. 꾸준히 시간을 들이면 어떤 일이 벌어져도 놀랍지 않다는 뜻이겠지요. 노력과 시간이 쌓이면 무엇보다 큰 무기가 된답니다.

세 살 버릇 여든까지 간다

갑자기 초능력이 생겨서 70년 후 나의 미래를 보게 된다면?
난 그때도 양말을 꼬깃꼬깃 벗어서 구석에 처박아 두겠구나.

어릴 때부터 나쁜 버릇이 들지 않도록 조심해야 한다.

"할머니, 할머니한테도 나쁜 버릇이 있어요?"
내 질문에 할머니는 살짝 미소를 짓더니,
"당연하지." 하고 대답했다.
난 너무 궁금해서 그게 뭔지 물었다.
할머니의 대답은 이랬다.
"쉿! 너무 많아서 비밀이야."
도대체 뭘까, 궁금했다.
그런데 그날 저녁, 식사 시간에 보니
할머니는 나처럼 밥에 든 콩을 골라내고 있었다.
할머니는 올해 여든인데
정말 세 살 버릇 여든까지 간다는 속담이 딱 맞았다.

 　내 맘 알아주는 속담

어릴 적에는 부모님이나 어른들에게 잔소리를 많이 들어요. 이러면 안 된다, 저래선 안 된다. 가끔은 가슴이 답답하고 잔소리가 듣기 싫어요. 하지만 마음 한구석에는 나도 알지요. 나를 걱정해서 해 주는 말이라는 걸요. 나쁜 습관은 빨리 고치는 게 좋아요. 너무 오래되면 점점 고치기 어려워지거든요.

소 잃고 외양간 고친다

늦었다고 생각될 때는 생각보다 늦지 않은 때야.
아무것도 안 하는 것보다 낫지. 안 그래?

일을 그르치고 나서야 뒤늦게 바로잡는다.

어떡해! 충치가 벌써 다섯 개야!

소 잃고 외양간 고치치 않으려면
치아 관리를 잘했어야지.

• • • • •

내일이 시험인데 공부를 하나도 못 했으니
오늘은 밤을 꼬박 새워 공부해야겠어.

소 잃고 외양간 고친다더니,
미리미리 시험 준비를 했어야.

 **내 맘 알아주는 속담**

소가 달아날 정도로 허술한 외양간이었다면 미리미리 손을 써 뒀어야지요. 후회할 일이 생기기 전에 먼저 계획하고 준비하는 태도가 바람직해요. 이미 늦었다고 너무 좌절하거나 괴로워 마세요. 외양간을 고치며 마음을 단단히 다지는 것도 다시 시작하는 데 큰 힘이 된답니다.

쏘아 놓은 화살이요 엎지른 물이다

딱 5초, 아니 1초 전으로만 돌아갈 수 있다면,
나 그때로…… 돌아가고 싶어. 제발!

한 번 저지른 일은 다시 고치거나 멈추기 어렵다.

평소 좋아하는 아이가 있었어. 그런데 다른 애들이
눈치채고서 "너 걔 좋아하지?" 하고 물어보는 거야.
나도 모르게 창피해서 "아니. 진짜 별로야!" 대답해 버렸어.
으악, 그때 하필 그 아이가 나타날 줄이야.

● ● ● ● ● ●

앞머리가 긴 것 같아서 거울을 보고 잘랐어.
헉, 그런데 이게 뭐야?
눈썹 위로 쑥 올라간 앞머리를 보고 눈앞이 하얘졌어.

 **내 맘 알아주는 속담**

어떤 일이 잘못되면, 우리는 '그렇게 하지 말걸.' 하고 후회해요. 후회해도 이미 늦은 경우가 많긴 하지요. 하지만 후회를 하면서 우리는 실수를 돌아보고, 같은 실수를 반복하지 않겠다는 다짐을 하게 된답니다. 그래서 후회라는 감정은 우리를 더 성장하게 해 주기도 하지요.

아니 땐 굴뚝에 연기 날까

사실 엄마와 나는 알았어. 그 냄새의 주인이 누구인지!
우리가 아니라면, 누구겠어? 바로 우리 아빠지!

원인이 없으면 결과가 있을 수 없다.

아니 땐 굴뚝에 연기 난다고!
오빠가 나한테 초콜릿도 사 주고,
생일에 뭐 갖고 싶은 거 없냐고 물었다.
내가 아끼는 거울을 실수로 깨 놓고 미안해서 그런 거다!
어쨌든 생일 선물로 더 예쁜 거울을 받기로 했으니 봐준다!

• • • • • • •

엄마 아빠랑 돈가스도 먹고 아이스크림도 먹고,
신나는 주말을 보냈어. 그런데 집으로 가는 줄 알았더니…….
나는 치과 앞에 서 있었어. 그럼, 그렇지.
오늘은 공포의 신경 치료 날이었어. 으악!

'아니 땐 굴뚝에 연기 날까'라더니,
모든 일에는 원인이 있는 법!

 **내 맘 알아주는 속담**

굴뚝에서 모락모락 연기가 나려면, 분명 아래에서 땔감을 태우고 있는 거겠지요? 모든 일에는 원인이 있는 법이에요. 왠지 이상한 기분이 들거나, 이럴 리가 없는데 하는 감정이 들 때가 있어요. 그럴 땐 분명 원인이 따로 있다고 의심해 보는 게 좋아요. 아니 땐 굴뚝에 연기 날 리는 없으니까요.

오르지 못할 나무는 쳐다보지도 마라

꿈은 무조건 크게 품는 게 좋은 걸까?
꿈을 꾸기 전에 나에 대해 잘 아는 게 중요한 거 아닐까?

할 수 없는 일은 처음부터 욕심을 내지 마라.

우리 아빠는
42.195㎞ 마라톤 풀코스를 완주한다더니
5㎞만에 헉헉대며 포기했어.

● ● ● ● ● ●

윽! 우리 반 꼴찌라니.
나 다음 시험에서는 전교 1등 할 거야!

● ● ● ● ● ●

여기가 우리나라에서 가장 높은 건물이라는데
한번 계단으로 올라가 볼까?

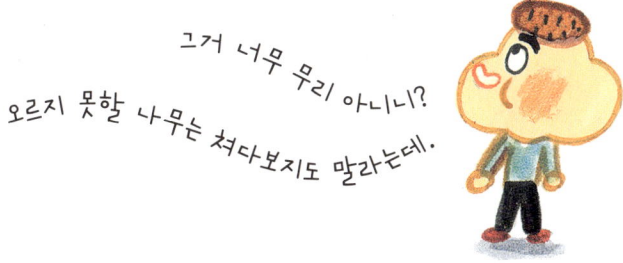

그거 너무 무리 아니니?
오르지 못할 나무는 쳐다보지도 말라는데.

 내 맘 알아주는 속담

이 속담은 지나치게 욕심을 부리지 말라는 교훈을 주지만 중요한 것을 잊으면 안 돼요. 나무의 둘레와 높이는 각각 다 다르다는 것을 말이에요. 이 말은 곧 사람마다 목표가 제각각 다르다는 뜻이에요. 나의 능력과 마음가짐이 얼마나 준비되었는지 잘 살펴본 뒤에 나무를 다시 쳐다보세요. 오를 만해 보인다면 지금이라도 도전!

우물 안 개구리

1780년, 박지원은 중국 청나라 황제의 생일을 축하하기 위한 사절단으로서 5개월 동안 중국 여행을 하게 돼요.

박지원은 중국의 발전된 문화를 눈으로 직접 확인하며 충격을 받았어요.

조선 백성들이 우물 안 개구리가 되지 않으려면 중국의 발전된 문화를 본보기 삼아야 한다.

당시 박지원이 쓴 〈열하일기〉는 재미있다고 널리 소문이 나서 많은 사람이 앞다투어 찾았다고 합니다.

내가 보고 들어서 알고 있는 게 세상의 전부는 아니야.
내가 알고 있는 세상을 깨고 나가는 게 바로 '공부'란다.

넓은 세상을 모른 채 자기가 보고 들은 것이 전부인 줄 아는 사람.

개구리가 거북이를 만나
자기가 살고 있는 우물을 자랑했더니,
거북이는 자기가 살고 있는 바다를 보여 주더래.

● ● ● ● ● ● ●

은서는 정말 책을 많이 읽어.
친구들과 어울리지도 않고 책, 책, 책…….
책만 보면 우물 안 개구리가
될 수도 있을 텐데 말이야.

 내 맘 알아주는 속담

우물 안에 있는 개구리는 우물 밖에 뭐가 있는지 잘 몰라요. 다리를 힘껏 구부렸다가, 점프! 우물 밖 그곳은 개구리가 마음 놓고 폴짝폴짝 뛰어다닐 개구리의 세상이 되겠지요. 우리가 온몸으로 만나는 세상, 그 세상을 알아가는 일이 바로 우리가 해야 하는 '공부'랍니다.

울며 겨자 먹기

울며 겨자 먹기로 동생을 업고 집으로 가는 길,
정말 힘들다. 그래도 내 동생이니까 참는다.

싫은 일을 억지로 한다.

우리 집 강아지가 똥을 쌌다.
"네가 키우자고 했으니까, 네가 치워야지!"
엄마 말에 나는 울며 겨자 먹기로 똥을 치웠다.
그런데 강아지가 와서 고맙다고
내 뺨을 핥아 줬다. 기분이 조금 나아졌다. 히히.

• • • • • • •

아빠가 초콜릿을 사 와서 텔레비전을 보며 신나게 먹었다.
갑자기 졸려서 침대 와서 곯아떨어졌는데…….
엄마가 나를 깨우더니 이를 닦고 자라고 했다.
너무 짜증나서 울면서 화장실로 갔다.
차라리 초콜릿을 먹지 말걸!

울며 겨자 먹기라도,
할 일은 꼭 하자.

 **내 맘 알아주는 속담**

가끔 보면 어느 날은 하기 싫은 일 투성이에요. 하지만 하기 싫다고 모든 걸 다 내팽개치고 마음대로 할 수는 없잖아요. 가끔은 울며 겨자 먹는 마음으로 꾹꾹 참고 할 일을 하는 것도 멋진 모습이에요. 물론 몸이 아프거나 정말 할 수 없는 일은 부모님이나 선생님께 알리고 상의해서 결정하도록 해요.

윗물이 맑아야 아랫물이 맑다

물은 위에서 아래로 흐르지.
윗물이 더러우면 아랫물도 더러울 수밖에.

윗사람이 바르게 행동해야 아랫사람도 바르게 행동한다.

세종대왕은 엄청난 책벌레에 공부벌레였대.
집현전 학자들도 세종대왕을 본받아
연구를 게을리 할 수 없었나 봐.

• • • • • •

너희 아빠는 집에서 책을 많이 보신다며?
우리 아빠는 휴대폰으로 게임만 하는데.

• • • • • •

동생아, 횡단보도가 너무 멀다.
차도 별로 없는데 여기서 무단 횡단 할까?

 **내 맘 알아주는 속담**

윗물은 윗사람을, 아랫물은 아랫사람을 뜻해요. 물이 위에서 아래로 흐르듯 윗사람의 태도와 생각이 아랫사람에게 전해지지요. 내가 윗사람의 곧고 바른 태도를 본받기 위해 노력한다면 나의 태도와 생각이 아랫사람에게도 분명 좋은 영향을 미칠 거예요.

작은 고추가 더 맵다

1894년, 차별받고 가난해 살기 힘들었던 농민들이 들고일어났어요. 농민들은 탐관오리를 내쫓고 빼앗겼던 곡식을 나누었지요.

농민들의 우두머리는 키가 작아 녹두 장군이라 불리던 전봉준이었어요.

키 안 작은데?

바위 위에 올라갔잖아.

농민들의 운동은 일본군의 간섭으로 비록 실패했지만 탐관오리의 횡포에 맞서 당당했던 전봉준은 오래 기억되고 있어요.

작다고 기죽지 말 것.
크면 큰 대로, 작으면 작은 대로, 그냥 나대로!

몸집이 작은 사람이 재주가 뛰어나고 야무질 때 쓰는 말.

노르웨이는
땅은 작지만 세계에서 매우 잘사는 나라에 속해.

• • • • •

씨름부에서 제일 덩치가 작은 동우 형이
전국 대회에서 메달을 땄대.

• • • • •

우리나라 인터넷 속도는
세계 최강이라고 할 수 있지!

 내 맘 알아주는 속담

요즘에는 키 크고 날씬한 사람들이 예쁘고 멋진 거라고 생각하는 경향이 있어요. 하지만 키가 커서, 눈이 작아서, 뚱뚱해서, 너무 말라서……. 이런 내 모습을 그대로 인정한 뒤 그 안에 숨겨진 매운 맛을 찾아보세요. 내 장점을 사랑하면 더 자신 있고 당당한 내가 될 수 있답니다.

95

재주는 곰이 넘고 돈은 주인이 받는다

나는 예의 바르게 열심히 절을 했어. 그런데 왜 이상한 춤을 추는 동생도 세뱃돈을 받았을까? 정말 억울해!

힘들게 일한 사람은 따로 있고, 그 일에 대한 대가는 다른 사람이 받는다.

아까 짝한테 수학 숙제를 보여 줬어.
짝은 열심히 내 숙제를 베끼더라.
그런데 수학 시간에 짝이 번쩍 손을 들고 나가서
칠판에 숙제를 풀었어.
심지어 선생님한테 칭찬까지 받았다니까!

• • • • • •

정말 속 터져! 내가 힘들게 빼앗아서 패스한 공을
하필 그 녀석이 받아서 골인할 게 뭐야?
골을 넣은 그 녀석만 박수와 환호를 받았다고!

재주는 곰이 넘고
돈은 주인이 받는다더니…

내 맘 알아주는 속담

내가 열심히 무언가를 했는데 다른 사람이 내 노력을 가로챈 적이 있나요? 그럴 땐 억울하고 속상해요. 갑자기 모든 노력이 물거품이 되는 것 같아요. 하지만 절대 슬퍼하지 마세요. 내가 한 일이 갑자기 어디론가 사라지는 게 아니랍니다. 누구보다 나 자신이 그걸 잊지 않고 기억하면 돼요.

짚신도 제짝이 있다

가끔 나도 외로워. 내 마음을 툭툭 털어놓을 친구가 필요해.
그때 어디선가 나타난 나의 절친. 네가 있어서 정말 행복해!

보잘것없는 사람도 제짝이 있다.

오늘 어항에서 열대어 두 마리가
서로 뽀뽀하는 걸 보았어. 으악! 닭살이야!
하지만 다정한 열대어 커플을 보니
부러운 마음이 드는 건 뭘까?

• • • • • • •

새 학교로 전학 온 뒤,
친구를 사귀지 못해 힘들었어.
'다시 옛날 학교로 돌아가고 싶어!'
그때 우리 반에 전학 온 친구!
우린 바로 절친이 되었어!

 **내 맘 알아주는 속담**

누구에게나 마음을 털어놓을 든든한 친구가 필요해요. 또는 가슴 두근거리는 첫사랑 친구를 만나고 싶기도 하고요. 그런데 지금 내 곁에 아무도 없다고요? 그렇다고 너무 슬퍼하지 마세요. 누구에게나 좋은 짝, 친구가 있거든요. 주변에 좋은 친구들이 없나 눈을 크게 뜨고 살펴보세요!

참새가 방앗간을 그냥 지나가랴

방앗간 마당에서 흩어진 곡식 낱알을 본 참새처럼.
그냥 지나치지 못하고 포르르 내려앉는 참새처럼.

이익이 될 것이나 좋아하는 것을 그냥 지나치지 못한다.

나는 학원 가는 길에 있는 놀이터에서
꼭 미끄럼틀을 타고는 해.

우리 할아버지는
복권 간판을 그냥 지나치지 못하고
하나라도 꼭 사고야 만다.

추운 겨울에
따뜻한 붕어빵이나 호빵이 보이면
꼭 먹어야만 해!

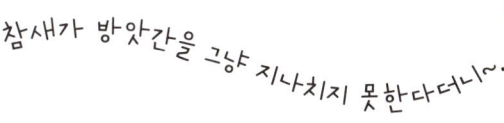

 내 맘 알아주는 속담

방앗간은 곡식을 빻는 곳이에요. 늘 흩어져 있는 곡식을 쪼아 먹으려 참새들이 모여들었어요. 쫓아내도 다시 포르르 날아오는 참새들 때문에 이런 속담이 생겨났지요. 좋아하는 게 있다면 기웃기웃, 내게 이득이 되는 거라면 또 기웃기웃. 너무 푹 빠지지는 않게 조심하자고요!

콩으로 메주를 쑨다 해도 안 믿는다

믿음이란
말보다 행동으로 보여 주는 것.

사실을 말해도 전혀 믿지 않는다.

우리 아빠는 올해도 새해 계획이 금연이야.

● ● ● ● ●

오늘 시험인데 나 공부 하나도 안 했어!
지난번 1등도 운이 좋았을 뿐이라고.

● ● ● ● ●

쟤는 미안하다고 해 놓고
뒤돌아서면 또 흉을 본다니까?

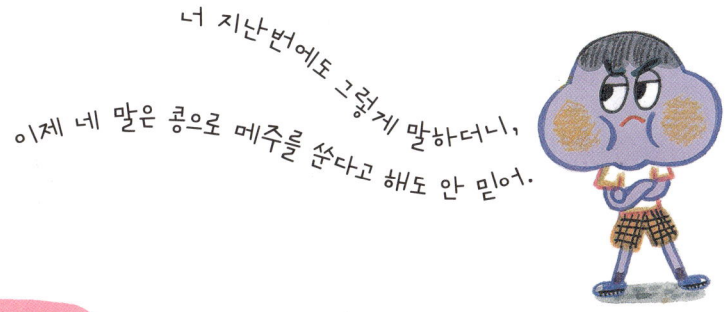

 내 맘 알아주는 속담

메주는 콩을 익혀 짓이겨 만들어요. 누구라도 아는 사실을 말했건만 왜 믿지 않는다는 걸까요? 믿음은 그냥 만들어지는 게 아니에요. 말은 쉽게 뱉을 수 있기 때문에 그 말을 뒷받침하는 진짜 행동이 이어져야 믿음을 갖게 돼요. 말과 행동이 같아지도록 하는 것, 이것이 믿음을 쌓아 가는 방법이에요.

티끌 모아 태산

티끌이 모이면 커다란 산이 되고,
작은 물줄기도 모이고 또 모이면 바다가 되고.

아무리 작은 것도 모으면 큰 것이 된다.

광장에 작은 촛불이 하나둘 모여서
결국 큰일을 해냈어.

● ● ● ● ● ●

돼지 저금통에 돈이 제법 많이 모였네.

● ● ● ● ● ●

물이 한 방울씩 계속 떨어지는 곳은
바위가 움푹 패였더라.

 **내 맘 알아주는 속담**

티끌처럼 작은 먼지도 모이고 모이면 커다란 산이 된대요. 작은 것을 모아 큰 것을 만들 수 있듯이 나의 마음과 노력도 모으고 모으면 뜻밖의 일을 해낼 수 있어요. 어렵고 힘들어 보이는 일도 조금씩 헤쳐 나가면 목표한 곳에 닿을 수 있는 것처럼 말이지요.

호랑이도 제 말 하면 온다

호랑이가 언제 제일 무서울까?
예고 없이 갑자기 나타날 때! 어흥!

누군가 자리에 없다고 함부로 이야기하지 말라는 뜻.

축구 경기 할 때 도윤이 때문에
우리 팀이 졌다고 수군거리고 있는데
마침 심부름 갔던 도윤이가 돌아왔어.

● ● ● ● ● ●

문득 전학 간 친구 생각을 하고 있는데,
그 친구가 '어떻게 지내?' 하고
메시지를 보내 왔어.

● ● ● ● ● ●

'오늘은 숙제 검사를 안 하시려나 봐.' 하고
짝꿍에게 속삭이는데
선생님이 갑자기 숙제 검사를 하시겠다지 뭐야.

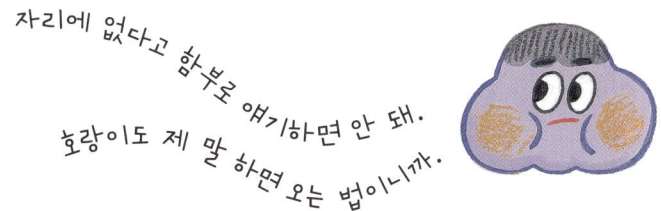

 **내 맘 알아주는 속담**

깊은 산속에 사는 호랑이도 제 말을 하면 어디선가 나타난다는 뜻이에요. 갑자기 호랑이가 나타나면 얼마나 무시무시할까요? 기분 좋은 말을 하고 있을 때 당사자가 나타나면 기쁨이 커질 테지만, 험담을 하고 있을 때 당사자가 나타나면 호랑이가 나타난 듯 심장이 '철렁!' 하겠죠. 그러니 다른 사람에 대해 말할 때에는 신중해야 해요.

호박이 넝쿨째 굴러 들어오다

찡그린 얼굴보다 웃는 얼굴이 더 좋은 이유.
기분 좋은 일은 또 다른 좋은 일을 불러오기 때문이야.

뜻하지 않게 좋은 일이 생기다.

사촌 누나가 가고 싶은 대학에 전부 합격했대.

● ● ● ● ● ●

좋아하던 친구에게 내 마음을 고백했어.
그랬더니 그 친구도 날 좋아하고 있었대.

● ● ● ● ● ●

꺅! 마트에서 우연히
내가 좋아하는 '위너원' 오빠들을 봤어.
사인도 받았지!

꺅! 호박이 넝쿨째 굴러 들어온다더니, 정말 너무 좋았겠다!

 **내 맘 알아주는 속담**

호박은 흔한 식물이지만, 열매는 물론 줄기에서 잎까지 버릴 게 없어요. 호박이 넝쿨째 주렁주렁 집안으로 들어오는 건 생각만 해도 기분 좋은 일이겠네요. 좋은 기운이 좋은 일을 주렁주렁 불러들여요. 웃는 얼굴과 긍정적인 마음은 그냥 지나칠 수 있는 일도 기분 좋게 만드는 신비로운 능력이 있답니다.

내 맘, 네 맘 알아주는 속담

🐸 새 게임기를 사니까 찹쌀떡처럼 들러붙던 친구 녀석,
게임기가 고장나니까 휙 사라지지 뭐야!

🦀 어머? 달면 삼키고 쓰면 뱉냐 하고 따지지 그랬어.

🐸 아주 먼 옛날, 착한 콩쥐가 살았대.
콩쥐는 새엄마가 시킨 대로 구멍이 난 커다란 독에 물을 채웠대.
그런데 아무리 물을 부어도 물이 다 새어 나가지 뭐야?

🦀 혹시 새엄마가 골탕 먹이려고 밑 빠진 독을?

🐸 맞아! 그런데 두꺼비가 나타나서 깨진 구멍을 막아 줘서
물을 가득 채울 수 있었대.

🦀 휴. 밑 빠진 독에 물 붓기라지만, 두꺼비가 있어서 살았네.

ㅂ

- 마트에서 거스름돈을 더 받았어. 적은 돈이니까 그냥 넘어가도 되겠지?

- 바늘 도둑이 소도둑 되는 법이야.
적은 돈이라도 솔직하게 얘기하고 돌려드리는 게 맞지.

ㅅ

- 동생의 수학 숙제를 도와주었어. 초등학교 1학년 문제를
풀다 보니 아주 잠깐 수학 천재가 된 기분이었어!

- 넌 대학생이잖아. 초등학교 1학년 수학은 식은 죽 먹기 아냐?

ㅇ

- 나, 그 아이에게 고백했어. 보기 좋게 차였지만, 서로 친구 하기로 했어.

- 그럼 이제 짝사랑은 포기하는 거야?

- 아니, 이제 시작이야. 언젠가 내 남자 친구가 될 때까지
계속 도끼질, 아니 고백할 거야!

- 열 번 찍어 안 넘어가는 나무 없다고, 내가 응원할게!

🐸 우리 선생님은 맞춤법과 띄어쓰기를 꼭 지키시는 분인데,
오늘 알림장에 틀린 글자가 있었지 뭐야.

🍑 원숭이도 나무에서 떨어질 때가 있으니까 선생님도 잠시
헷갈리신 거 아닐까.

🐸 갑자기 우리 집에 전기가 나갔어.
텔레비전도 컴퓨터도 꺼지고, 냉장고도 나간 거야.
그때 아빠가 멋지게 촛불을 켜 주었어.
촛불 하나로 갑자기 놀란 마음이 진정되었지.
캠핑 온 기분까지 들지 뭐야.

🍑 이야~. 이 없으면 잇몸으로 산다더니,
가끔은 잇몸으로 사는 것도 좋네.

🐸 어제부터 태권도장에 다녀. 나는 아직 하얀띠(예의)야.
그 다음에는 노란띠(인내), 초록띠(염치), 파란띠(극기), 빨간띠(열정)래.
열심히 배워서 언젠간 빨간띠를 멜 거야!

🍑 천 리 길도 한 걸음부터야. 열심히 노력하면
원하는 걸 얻을 수 있을 거야.

밤새도록 스마트폰 게임을 했어. 으하하. 레벨이 쑥쑥 올랐지!
하지만 늦잠을 자서 엄마에게 혼나고, 수업 시간에 졸다가
선생님에게 혼났어. 휴.

콩 심은 데 콩 나고 팥 심은 데 팥난다더니,
역시 뿌린 대로 거두는 법이라니까.

엄마를 잃은 길냥이가 우리 동네로 왔어.
나랑 친구들은 용돈을 모아 사료를 사서 고양이 밥을 챙겨 줬어.

하늘이 무너져도 솟아날 구멍이 있다더니, 길냥이에게
어린 집사들이 생겨서 다행이야.

만화 속 파파 슈크림 찾기

28쪽

44쪽

50쪽

88쪽

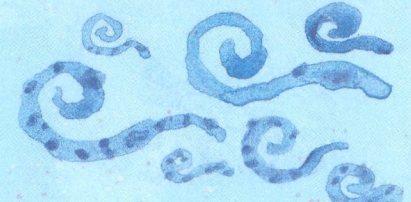

여기 숨어 있었지롱!

92쪽

윗물이 맑아야 아랫물이 맑다

100쪽

참새가 방앗간을 그냥 지나가랴

여깄다!

꼭꼭 숨어 있는 나를
다 찾았는지 모르겠구나!

내 맘 알아주는 속담 과 함께 마음을 전해요!

엄마 — 효진아, 효빈아~ 재미있는 책 많이 읽으며 현명한 아이로 커 나가길 기도할게. 사랑해♡

이모 — 혜원아! 맘을 표현하기 힘들 때 속담으로 표현해 보는 건 어떨까? 혜원이는 어떤 속담으로 표현할지 궁금하네~^^

주연 — 학교에서 속담을 조금 배웠는데 더 알고 싶어요! 왠지 캐릭터도 귀엽고 재미있게 속담 공부를 할 수 있을 거 같아요.

엄마 — 윤수, 윤찬! 룰루랄라 으쌰으쌰 즐겁고 힘 나는 윤 형제에게 이 책을 선물합니다~.

이모 — 따뜻한 마음, 건강한 마음, 행복한 마음 키워 가는 준원이, 준혁이 되기를!